Barres de Protéines Faites Maison pour Accélérer le Développement Musculaire:

Générer plus de muscle naturellement sans l'aide de suppléments de créatine ou des pilules

Par

Joseph Correa

Nutrioniste Certifié des Sportifs

DROITS D'AUTEUR

© 2015 Correa Media Group

Tous droits réservés

La reproduction ou la traduction de toute partie de ce travail au-delà de ce qui est permis par l'article 107 ou 108 de la Loi de 1976 sur les droits d'auteur aux États-Unis 1976, sans l'autorisation préalable du propriétaire des droits d'auteur, est illégale.

Cette publication est conçue pour fournir des informations exactes et faisant autorité en ce qui concerne le sujet traité. Cette publication est vendue avec la condition implicite que ni l'auteur ni l'éditeur n'ont la capacité de prodiguer des conseils médicaux. Si des conseils ou une assistance médicale se déclarent nécessaires, vous êtes priés de consulter un médecin. Ce livre est considéré comme un guide et ne doit être utilisé en aucune façon nuisible à votre santé. Consultez un médecin avant de commencer ce plan nutritionnel pour vous assurer qu'il vous sera bénéfique.

REMERCIEMENTS

La réalisation et le succès de ce livre n'auraient pu être possibles sans le soutien et l'aide précieuse de ma famille.

Barres de Protéines Faites Maison pour Accélérer le Développement Musculaire:

Générer plus de muscle naturellement sans l'aide de suppléments de créatine ou des pilules

Par

Joseph Correa

Nutrioniste Certifié des Sportifs

SOMMAIRE

Droits d'auteur

Remerciements

A propos de l'auteur

Introduction

Barres de Protéines Faites Maison pour Accélérer le Développement Musculaire

C'autres grands titres de cet auteur

A PROPOS DE L'AUTEUR

En tant que nutritionniste certifié des sportifs et athlète professionnel, je crois fermement qu'une bonne nutrition vous aidera à atteindre vos objectifs plus rapidement et plus efficacement. Mes connaissances et mon expérience m'ont permis de vivre en meilleure santé tout au long des années et je l'ai partagé avec ma famille et mes amis. Plus vous en savez à propos de boire et vous nourrir plus sainement, et le plus tôt vous aurez envie de changer votre vie et vos habitudes alimentaires.

Réussir à contrôler votre poids est très important, car cela vous permettra d'améliorer tous les aspects de votre vie.

La nutrition est un élément clé dans le processus de se mettre en meilleure forme et c'est là tout le sujet de ce livre.

INTRODUCTION

Barres de Protéines Faites Maison pour Accélérer le Développement Musculaire vous aidera à augmenter la quantité de protéines que vous consommez par jour pour augmenter la masse musculaire. Ces repas vous aideront à augmenter la masse musculaire de manière organisée par l'ajout de grandes parties saines de protéines à votre alimentation.

Être trop occupé pour bien se nourrir peut parfois devenir un problème et voilà pourquoi ce livre vous fera économiser du temps et vous aidera à nourrir votre corps pour atteindre les objectifs que vous voulez. Assurez-vous que vous savez ce que vous consommez en préparant vous-même vos repas ou en ayant quelqu'un qui les prépare pour vous.

Ce livre vous aidera à:

-Gagner du muscle rapidement et naturellement.

-Améliorer la récupération musculaire.

-Avoir plus d'énergie.

-Accélérer naturellement votre métabolisme pour construire plus de muscle.

-Améliorer votre système digestif.

Joseph Correa est un nutritionniste du sport certifié et un athlète professionnel.

Barres de Protéines Faites Maison pour Accélérer le Développement Musculaire

1. **Barres de Chocolate Protéinées**

Ingrédients:

1 tasse de flocons d'avoine

3 grandes cuillères de poudre de protéine– saveur chocolat

3 cuillères à soupe de beurre d'arachide (choose organic peanut butter)

1.5 tasse de lait écrémé

2 cuillères à soupe de sucre brun

Préparation:

Les barres de protéines de chocolat sont très faciles à préparer. Elles sont saines et savoureuses en même temps. Mélanger les ingrédients jusqu'à obtenir une masse légèrement collante. Soyez patient - cela pourrait prendre un certain temps (environ 15 minutes). Utilisez des contenants pour des barres de chocolat (si vous ne les avez pas, des contenants de fromage à la crème feront l'affaire) et légèrement les pulvériser avec du spray de cuisson. Toujours choisir des sprays de cuisson sans matières grasses lors de la préparation de ces barres protéinées au chocolat. Divisez le mélange en huit parties égales et remplir les conteneurs. Laisser reposer au réfrigérateur durant toute la nuit. Si vous le souhaitez, vous pouvez saupoudrer un peu plus d'édulcorant sur le dessus de vos barres de protéines.

Valeurs nutritionnelles:

Carbohydrates 10.2g

Sucre 5.9g

Protéines 12.2 g

Glucides Total   (good monounsaturated fat) 11.6g

Sodium 123.8 mg

Potassium 85mg

Calcium 45.5mg

Fer 0.33mg

Vitamines (Vitamine A; B-6; B-12; C; D; D2; D3; K; Riboflavin; Niacin; Thiamin; K)

Calories 53

2. Barres de pudding à la Vanille

Ingrédients:

1,5 grandes cuillères de poudre de protéine (vanille)

1 tasse de flocons d'avoine

1 paquet de pudding (arôme de vanille)

2 tasses de lait écrémé

Préparation:

Mélanger les ingrédients jusqu'à obtenir une masse collante. Cela devrait prendre environ quelques minutes. Cuire brièvement, environ 3-4 minutes, sur une basse température. Verser le mélange dans un verre ou un conteneur en métal de barres de Protéines. Réfrigérez toute la nuit.

Valeurs nutritionnelles:

Carbohydrates 35g

Sucre 6.74g

Protéines 52g

Glucides Total   (good monounsaturated fat) 1,38g

Sodium 376mg

Potassium 880mg

Calcium 684.7mg

Fer 1.31mg

Vitamines (Vitamine C; B-6; B-12; A-RAE; A-IU; E; D; D-D2+D3; K; Thianin; Riboflavin; Niacin)

Calories 257

3. Barres de yaourt Faible en Gras

Ingrédients:

½ tasse de fromage faible en gras frais

2 tasses de Yaourt faible en gras

4 grandes cuillères de Protéines de lactosérum (vanille)

½ tasses de flocons d'avoine

Préparation:

Mélanger les ingrédients dans un mélangeur. Mettez-les dans un congélateur pendant environ une heure. Couper en 8 barres de Protéines et conserver au réfrigérateur. Vos barres de Protéines sont prêtes à consommer après 2-3 heures..

Valeurs nutritionnelles:

Carbohydrates 19g

Sucre 5,76g

Protéines 27,5g

Glucides Total   3.3g

Sodium 268,7mg

Potassium 535,3mg

Calcium 456,6mg

Fer 0,73mg

Vitamines (Vitamine C total ascorbic acid; B-6; B-12; A-RAE; A-IU; E; D; D-D2+D3; K-phylloquinone; Thianin; Riboflavin; Niacin)

Calories 228

4. Barres de fromage blanc de campagne

Ingrédients:

1 tasse de fromage blanc de campagne faible en gras

4 grandes cuillères de poudre de protéine (chocolat)

1 tasse de céréales flocons d'orge

2 cuillères à soupe de miel

½ petite cuillère de cannelle

Préparation:

Mettre le fromage avec les Protéines en poudre, le miel et la cannelle dans un grand bol. Mélanger les ingrédients avec un batteur électrique. Mélanger jusqu'à ce que vous obteniez un mélange lisse. Ajouter les flocons d'orge et mélanger quelques minutes de plus. Si votre mélange est trop épais, ajouter un peu d'eau. Verser le mélange dans le moule préalablement beurré et réfrigérer pendant environ une heure. Couper en 10 barres de Protéines. Elles sont maintenant prêtes à consommer.

Valeurs nutritionnelles:

Carbohydrates 21g

Sucre 8.58g

Protéines 24g

Glucides Total   4g

Sodium 221,2mg

Potassium 361,1mg

Calcium 333.5mg

Fer 5.23mg

Vitamines (Vitamine C total ascorbic acid; B-6; B-12; Folate-DFE; A-RAE; A-IU; E-alpha-tocopherol; D; D-D2+D3; K-phylloquinone; Thianin; Riboflavin; Niacin)

Calories 190

5. Barres de Protéines à la noix de coco et à la vanille

Ingrédients:

1 cuillère de poudre de vanille Protéinée

1/4 tasse de flocons de noix de coco

1/4 tasse de noix de coco hachée

1/4 tasse de lait (écrémé)

3 cuillères à soupe de chocolat noir fondu (85% de cacao)

Préparation:

Faire tremper les morceaux de noix de coco dans l'eau et laissez-les reposer pendant environ une heure. Pendant ce temps, mélanger la poudre de noix de coco et la poudre de vanille aux protéines et les flocons de coco avec du lait. Vous devez utiliser du lait écrémé. Ceci influence de manière significative la valeur nutritive de vos barres de Protéines. Le mélangeur électrique fera le travail. Maintenant, ajoutez les moreceaux de noix de coco hachés et bien mélanger. Verser le mélange dans une petite casserole et saupoudrer avec du chocolat fondu. Laisser reposer au réfrigérateur pendant quelques heures. Coupez en 3 grandes barres de Protéines.

Valeurs nutritionnelles:

Carbohydrates 20g

Sucre 9.53g

Protéines 19.25g

Glucides Total   6.06g

Sodium 53mg

Potassium 353mg

Calcium 302mg

Fer 12,6

Vitamines (Vitamine C total ascorbic acid; B-6; B-12; Folate-DFE; A-RAE; A-IU; E-alpha-tocopherol; D; D-D2+D3; K-phylloquinone; Thianin; Riboflavin; Niacin)

Calories 256

6. Barres de Protéines avec des oranges et de baies de goji

Ingrédients:

1 grande cuillère de Protéines en poudre organique (insipide)

¾ tasse d'amandes moulues

1/4 tasse de noix de coco râpée

3/4 Tasse de baies de goji

1 tasse de lait de noix de coco

½ verre d'eau

1 petite cuillère d'extrait de vanille

1 petite cuillère de zeste d'orange râpé

1 petite cuillère de poudre de chili

3 cuillères à soupe de chocolat noir râpé 85% de cacao

Préparation:

Cette recette vous donnera 5 barres de Protéines super saines. Vous devez d'abord mélanger le zeste d'orange avec du piment, de l'extrait de vanille et le lait de coco. Cuire à basse température pendant 10-15 minutes.

Laissez-le refroidir. Pendant ce temps, mélanger la poudre de Protéines, les amandes, la noix de coco râpée, les baies de goji et de l'eau dans un mélangeur pendant quelques minutes. Ajouter le mélange refroidi de chili, l'extrait de vanille, le zeste d'orange et le lait de noix de coco et mélanger pendant 1-2 minutes. Verser le mélange dans 8 conteneurs de barres de Protéines et saupoudrer avec du chocolat noir sur le dessus. Laisser reposer au réfrigérateur pendant quelques heures.

.**Valeurs nutritionnelles:**

Carbohydrates 14.5g

Sucre 2.61g

Protéines 13.5g

Glucides Total   16.6 g

Sodium 49,5mg

Potassium 331mg

Calcium 121,8mg

Fer 37.6mg

Vitamines (Vitamine C; B-6; B-12; A-RAE; D; D-D2+D3; K-phylloquinone; Thianin; Riboflavin; Niacin)

Calories 248.8 kcal

7. Barres de Protéines avec graines de citrouille

Ingrédients:

2 petites carottes cuites

1/2 tasse de Protéines en poudre au gout de vanille

1/4 tasse de graines de citrouille hachées

1/4 tasse de lait écrémé

1 petite cuillère de beurre de graines de citrouille

2 cuillères à soupe de sucre brun

¼ tasse d'eau

Préparation:

Laver et éplucher les carottes. Couper en petits morceaux et laisser bouillir pendant environ 20 minutes (jusqu'à ce qu'elles soient complètement cuites). Laissez-les refroidir. Faire fondre le beurre de graines de citrouille et ajoutez le sucre. Mélangez bien pendant quelques secondes. Puis ajouter le lait et la poudre de Protéines. Cuire ce mélange pendant quelques minutes (3-4 minutes) et ajouter les carottes. Réduire en purée, ajouter de l'eau en permanence. Répartissez le mélange dans 4 conteneurs moyens et saupoudrer de graines de citrouille hachées. Laisser reposer au réfrigérateur pendant quelques heures.

Valeurs nutritionnelles:

Carbohydrates 21g

Sucre 7,93g

Protéines 17.5

Glucides Total   9.3g

Sodium 52,3mg

Potassium 289mg

Calcium 127,6mg

Fer 12,3mg

Vitamines (Vitamine C total ascorbic acid; B-6; B-12; Folate-DFE; A-RAE; A-IU; E-alpha-tocopherol; D; D-D2+D3; K-phylloquinone; Thianin)

Calories 200

8. Barres de Protéines au Jus d'Orange

Ingrédients:

3½ tasses de gruau

1 ½ tasse de lait en poudre (1,5% de matières grasses)

4 cuillères à soupe de poudre de protéine (toute la saveur que vous voulez)

1 tasse de miel

2 blancs d'oeufs battus

1 tasse de jus d'orange

1 petite cuillère de cannelle

Préparation:

Saupoudrer un moule avec quelques sprays d'huile de cuisson faible en matières grasses. Mélanger la farine d'avoine, le lait en poudre et la poudre de Protéines dans un bol. Dans un autre bol, mélanger les blancs d'œufs, le jus d'orange et le miel. Incorporer le mélange liquide dans le mélange sec. Le mélange doit être épais et semblable à une pâte à biscuits. Verser le mélange dans le moule et cuire au four préchauffé à 350 degrés pendant 10-15 minutes. Les bords doivent être croustillants et bruns.

Couper en 10 morceaux et laisser refroidir. Garder une nuit au réfrigérateur.

Valeurs nutritionnelles:

Carbohydrates 18.7g

Sucre 3.2g

Protéines 17.5g

Glucides Total   14.8 g

Sodium 51,5mg

Potassium 328mg

Calcium 126,8mg

Fer 29.2mg

Vitamines (Vitamine C; B-6; B-12; A-RAE; D; D-D2+D3; K-phylloquinone; Thianin; Riboflavin; Niacin)

Calories 248.8 kcal

9. Barres de Protéines a la Noix de Coco

Ingrédients:

1 grande cuillère bien pleine de poudre de Protéines a la vanille

2 grandes cuillères pleines de farine de noix de coco

½ tasse de lait

2 gros cubes de chocolat noir (80% de cacao)

Préparation:

Cette recette est très facile et elle ne devrait pas prendre plus de 10 minutes. Vous aurez de delicieuses barres de Protéines. Mélanger la poudre de Protéines avec de la farine de noix de coco et verser le lait. Vous devriez obtenir un mélange compact. Si le melange est trop épais à votre goût, ajouter un peu d'eau. Vous ne pouvez pas vous tromper avec cette recette. Si vous avez trop de liquide, ajouter les ingrédients secs, et vice versa. Lorsque vous avez terminé, faire 3 barres de protéines avec ce mélange et laissez-les dans le réfrigérateur pour se compresser légèrement. Pendant ce temps, préparer l'enrobage de chocolat en faisant fondre le chocolat sur une basse température. Étaler le chocolat sur les barres de protéines et laisser au réfrigérateur pendant quelques heures.

Valeurs nutritionnelles:

Carbohydrates 14.5g

Sucre 2.61g

Protéines 13.5g

Glucides Total   16.6 g

Sodium 49,5mg

Potassium 331mg

Calcium 121,8mg

Fer 37.6mg

Vitamines (Vitamine C total ascorbic acid; B-6; B-12; A-RAE; A-IU; E; D; D-D2+D3; K-phylloquinone; Thianin; Riboflavin; Niacin)

Calories 176.8 kcal

10. Barres d'Amandes aux Protéines

Ingrédients:

¼ tasse d'amandes râpées,

¼ tasse de lait écrémé aux amandes

¼ tasse de graines de lin fraîchement moulues

½ tasse de fleur de noix de coco

3 blancs d'œufs

½ petite cuillère de sel

¼ tasse de beurre d'amande

1 cuillère à soupe de miel

extrait de vanille biologique

½ tasse de raisins secs

Préparation:

Mélanger les amandes, les graines de lin, fleur de noix de coco, le sel et les blancs d'œufs dans un robot culinaire. Faire fondre le beurre d'amande jusqu'à avoir une belle couleur dorée et ajouter le miel, le lait et l'extrait de vanille. Laissez cuire pendant quelques minutes. Ajouter le mélange d'amandes, graines de lin, fleur de noix de coco, le sel et les œufs et laisser bouillir. Puis ajouter les raisins secs. Laisser refroidir dans un congélateur pendant environ une heure. Couper en 8 barres de protéines et laisser au réfrigérateur durant la nuit.

Valeurs nutritionnelles:

Carbohydrates 21.8g

Sucre 8.61g

Protéines 18.3g

Glucides Total   14.6 g

Sodium 54,5mg

Potassium 327mg

Calcium 112,8mg

Fer 25.3mg

Vitamines (Vitamine C; B-6; B-12; A-RAE; D; D-D2+D3; K-phylloquinone; Thianin; Riboflavin; Niacin)

Calories 232.7 kcal

11. Barres de Protéines au chocolat et au Muesli

Ingrédients:

3 tasses de farine d'avoine

1 tasse de muesli au chocolat

½ tasse damandes râpées

½ tasse de noisettes râpées

une tasse de pruneaux, coupés en petits morceaux (raisins secs, figues ou en option),

½ tasse de cacahuètes,

2 cuillères a soupe de poudre de cacao

4 grandes cuillères de Protéines de chocolat en poudre

2 verres de lait écrémé

Préparation:

Mélanger les ingrédients dans un grand bol jusqu'à ce que le mélange durcisse. Vous pouvez utiliser un batteur électrique pour cela. Verser le mélange dans un moule et cuire au four pendant environ 30 minutes dans le four préchauffé (350 degrés). Vous devriez avoir une belle couleur dorée. Ensuite, retirer du four et couper en 8 barres de Protéines. Laisser reposer pendant quelques heures. Vos barres de Protéines sont prêtes à être consommées.

Valeurs nutritionnelles:

Carbohydrates 21.3g

Sucre 8.2g

Protéines 19.4g

Glucides Total   13.4g

Sodium 52mg

Potassium 345mg

Calcium 133,2mg

Fer 23.6mg

Vitamines (Vitamine C; B-6; B-12; A-RAE; D; D-D2+D3; K-phylloquinone; Thianin; Riboflavin; Niacin)

Calories 239 kcal

12. Barres de Canneberges Protéinées

Ingrédients:

3 tasses de farine d'avoine

½ tasse d' amandes

1 tasse de canneberges séchées

4 cuillères à soupe de beurre d'arachide

1 verre de lait écrémé

4 grandes cuillères de poudre de vanille Protéin**ées**

Préparation:

Mélanger la farine d'avoine, les amandes et les canneberges dans un bol. Faire fondre le beurre d'arachide a basse température. Vous voulez ajouter un peu de lait avant que cela ne fonde – de cette façon, le beurre d'arachide ne va pas brûler. Lorsque le beurre d'arachide est fondu, ajouter la vanille protéinée en poudre et laisser bouillir. Retirer du feu et laisser refroidir. Maintenant, ajoutez le mélange sec et bien mélanger. Verser le mélange dans 5 conteneurs de barres protéinées et laisser dans le réfrigérateur. Après environ 4 heures, vos barres de Protéines sont terminées et prêtes à être consommées

Valeurs nutritionnelles:

Carbohydrates 19.6g

Sucre 7.9g

Protéines 19.3g

Glucides Total   12.3 g

Sodium 51,5mg

Potassium 298mg

Calcium 147mg

Fer 23.6mg

Vitamines (Vitamine C; B-6; B-12; A-RAE; D; D-D2+D3; K-phylloquinone; Thianin; Riboflavin; Niacin)

Calories 224 kcal

13. Barres de protéines avec de la noix de coco et du citron

Ingrédients:

1 tasse d' tranches d'amandes hachées ou en tranches

1,5 tasses de raisins secs

1 tasse de lait de coco non sucré

1 cuillères à soupe de zeste de citron

2 cuillères à soupe de jus de citron.

Préparation:

Mettez tous les ingrédients dans un mélangeur. Faites tremper les raisins secs dans de l'eau pendant cinq minutes avant de les mettre dans un mixeur. Remplissez 5 conteneurs de barres de Protéines avec ce mélange et laisser dans un congélateur pendant environ une heure. Et c'est tout! Vos barres de Protéines sont prêtes.

Valeurs nutritionnelles:

Carbohydrates 14.3g

Sucre 2,9g

Protéines 14.9g

Glucides Total   13g

Sodium 29mg

Potassium 361mg

Calcium 112mg

Fer 13.6mg

Vitamines (Vitamine C; B-6; B-12; A-RAE; D; D-D2+D3; K-phylloquinone; Thianin; Riboflavin; Niacin)

Calories 200 kcal

14. Barres de Protéines Simples

Ingrédients:

2 grandes cuillères de Protéines de poudre de lactosérum

1 tasse de farine d'avoine biologique

1 verre de lait écrémé

4 cuillères à soupe de beurre d'arachide

4 cuillères à soupe de miel

1 cuillères à soupe de cacao

½ tasse de graines de lin fraîchement concassées

Préparation:

B Lier la poudre de Protéines de lactosérum et la poudre de cacao avec du lait. Ajouter le miel et la farine d'avoine. Vous voulez bien mélanger pour obtenir un mélange de pâte. Faire fondre le beurre d'arachide dans une poêle et faire frire les graines de lin broyées pendant environ 5 minutes. Retirer de la poêle et ajouter au mélange. Verser le mélange de pâte dans la casserole de cuisson et saupoudrer de graines de lin. Cuire au four à 350 degrés, dans le four préchauffé, pendant 10 minutes. Laissez refroidir pendant un certain temps et les couper en 4 barres de Protéines. Laisser reposer au réfrigérateur pendant la nuit.

Valeurs nutritionnelles:

Carbohydrates 19g

Sucre 4.6g

Protéines 18.5g

Glucides Total   12.2 g

Sodium 52mg

Potassium 401mg

Calcium 117mg

Fer 19.6mg

Vitamines (Vitamine C; B-6; B-12; A-RAE; D; D-D2+D3; K-phylloquinone; Thianin; Riboflavin; Niacin)

Calories 224 kcal

15. Barres Proteinées au Beurre d'Amandes

Ingrédients:

1 tasse de beurre d'amande

3 cuillères à soupe de poudre de vanille Protéinée

½ tasse de sirop d'érable

2 blancs d'oeufs

2 tasses de farine d'avoine

½ tasse de noix de coco râpée

1 petite cuillère de levure chimique

Préparation:

Utilisez le batteur électrique, mélanger le beurre d'amande, la poudre de Protéines et le sirop d'érable. Ajouter les blancs d'œufs. Incorporer la farine d'avoine, la noix de coco et la levure. Faire une pâte avec ce mélange. Verser dans une casserole de cuisson et cuire dans un four préchauffé pendant environ 10 minutes. Il devrait avoir une belle couleur brun clair. Laisser bien refroidir et couper en 4 barres de protéines. Gardez-les dans un bol hermétique..

Valeurs nutritionnelles:

Carbohydrates 19g

Sucre 5.2g

Protéines 17.3g

Glucides Total   12g

Sodium 51.1mg

Potassium 212mg

Calcium 114mg

Fer 22mg

Vitamines (Vitamine C; B-6; B-12; A-RAE; D; D-D2+D3; K-phylloquinone; Thianin; Riboflavin; Niacin)

Calories 217 kcal

16. Barres de chocolat au Muesli

Ingrédients:

1,5 g de flocons de quinoa

½ tasse de noix de Grenoble hachées

¼ tasse de noix de coco râpée non sucrée

¼ tasse de poudre de vanille sucrée aux protéines

1 oeuf

2/3 tasse de yaourt

1/3tasse de beurre d'amandes sans sucre

3 cuillères à soupe de miel

2 cuillères à soupe d'huile de coco fonduel

1 cuillères à soupe de pelure de citron

½ tasse de raisins

Préparation:

Préchauffer le four à 350 degrés. Graisser le plat de cuisson avec de l'huile de noix de coco. Étaler uniformément les flocons de quinoa, les noix hachées et la noix de coco râpée et cuire pendant environ 6-8 minutes. Pendant ce temps, mélanger le yaourt grec avec l'oeuf, le beurre d'amande fondu, le miel, le zeste de citron et les raisins secs. Retirer les noix du four et les laisser refroidir. Mélanger avec du yaourt et verser dans des conteneurs de 12 barres de protéines. Laissez dans un congélateur pendant 3-4 heures et après cela, garder vos barres de protéines dans le réfrigérateur.

Valeurs nutritionnelles:

Carbohydrates 20g

Sucre 5g

Protéines 11g

Glucides Total   12g

Sodium 45mg

Potassium 209mg

Calcium 109mg

Fer 16mg

Vitamines (Vitamine C total ascorbic acid; B-6; B-12; Folate-DFE; A-RAE; A-IU; E-alpha-tocopherol; D; D-D2+D3; K-phylloquinone; Thianin)

Calories 227

17. Barres de Fruits Protéinées

Ingrédients:

1 tasse de fruits secs mélangés

1 tasse d'eau

1,5 tasse de gruau

1 tasse de vanille protéinée en poudre

3 cuillères à soupe de lait écrémé

2 petite cuillères de zeste de citron ou d'orange râpé

Préparation:

Faire tremper les fruits secs dans l'eau et laissez reposer pendant 10-15 minutes. Utilisez un batteur électrique, mélanger la farine d'avoine avec de la poudre protéinée et le lait. Étendre le mélange sur une plaque à pâtisserie. Couvrir de fruits secs, saupoudrer avec un zeste de citron / zeste d'orange et cuire au four pendant 10 minutes à 350 degrés. Laisser refroidir et couper en 5 barres de protéines. Mettez-les dans le réfrigérateur pendant 30 minutes et vos barres de protéines sont prêtes à consommer.

Valeurs nutritionnelles:

Carbohydrates 41g

Sucre 23g

Protéines 17g

Glucides Total   3g

Sodium 36mg

Potassium 213mg

Calcium 145mg

Fer 12mg

Vitamines (Vitamine C total ascorbic acid; B-6; B-12; Folate-DFE; A-RAE; A-IU; E-alpha-tocopherol; D; D-D2+D3; K-phylloquinone; Thianin)

Calories 252

18. Barres de Protéines avec Canneberges à l'orange

Ingrédients:

1 Tasse de noix râpées

½ tasse de beurre de noix

1,5 tasse de lait écrémé

1,5 tasse de poudre de vanille aux Protéines

1/3 tasse de canneberges séchées

2 petite cuillères de zeste d'orange râpé

Préparation:

Utilisez les ingrédients pour faire un mélange lisse dans un mélangeur. Verser le mélange dans un plat à four, graissé avec du beurre de noix. Le laisser dans le réfrigérateur pendant la nuit. Coupez en 8 barres de protéines égales et conserver au frigo.

Valeurs nutritionnelles:

Carbohydrates 41g

Sucre 23g

Protéines 17g

Glucides Total   3g

Sodium 23mg

Potassium 222mg

Calcium 118,4mg

Fer 31mg

Vitamines (Vitamine C total ascorbic acid; B-6; B-12; Folate-DFE; A-RAE; A-IU; E-alpha-tocopherol; D; D-D2+D3; K-phylloquinone; Thianin)

Calories 252

19. Barres de Protéines au Beurre d'Arachide

Ingrédients:

2 tasses de flocons d'avoine

4 cuillères de poudre de protéine

5 cuillères à soupe de beurre d'arachide

1/2 tasse Lait

Préparation:

Une autre recette super facile. Tout ce que vous devez faire est de mélanger les ingrédients dans un mélangeur et verser dans des conteneurs de barres de protéines. Avec ce mélange, vous obtiendrez 5 barres de protéines. Laisser au réfrigérateur pendant quelques heures. Ils sont maintenant prêts à consommer!

Valeurs nutritionnelles:

Carbohydrates 16g

Sucre 7g

Protéines 16g

Glucides Total   2.6g

Sodium 17mg

Potassium 212mg

Calcium 105,3mg

Fer 12mg

Vitamines (Vitamine C total ascorbic acid; B-6; B-12; Folate-DFE; A-RAE; A-IU; E-alpha-tocopherol; D; D-D2+D3; K-phylloquinone; Thianin)

Calories 167

20. Barres de protéines aux amande et à la vanille

Ingrédients:

½ tasse de flocons d'orge

½ tasse de poudre de protéines

2 cuillères à soupe de beurre d'arachide

4 cuillères à soupe de poudre d'amandes râpées

1 verre d'eau tiède

Préparation:

S Tremper les flocons dans l'eau tiède pendant 30 minutes environ. Faire fondre le beurre d'arachide sur feu doux, dans une poêle (vous pouvez ajouter un peu d'eau si cela est plus facile - ¼ de verre devrait faire l'affaire). Faire frire les amandes pour quelques minutes - juste pour obtenir cette belle couleur dorée. Maintenant, ajoutez les flocons trempés et les protéines en poudre. Mélangez bien pendant quelques minutes. Retirer du feu et laisser refroidir pendant un certain temps. Formez 5 barres de protéines bars avec ce mélange et laisser dans le réfrigérateur pendant la nuit.

Valeurs nutritionnelles:

Carbohydrates 23g

Sucre 16g

Protéines 19g

Glucides Total   2,8g

Sodium 39mg

Potassium 253mg

Calcium 129,9mg

Fer 33mg

Vitamines (Vitamine C total ascorbic acid; B-6; B-12; Folate-DFE; A-RAE; A-IU; E-alpha-tocopherol; D; D-D2+D3; K-phylloquinone; Thianin)

Calories 231

21. Barres de Protéines avec des Fruits Secs

Ingrédients:

2,5 tasses de farine d'avoine

½ tasse d' amandes (pelées et rôties)

½ tasse de noisettes (pelées et rôties)

1/3 tasse de miel

1 tasse de fruits séchés (canneberges, abricots et raisins jaunes)

1 tasse de compote de pommes sans sucre

½ cuillère à café de cannelle

Préparation:

Hacher les amandes et les noisettes en gros morceaux. Les fruits secs aussi. Utilisez un moule plus petit et le saupoudrer d'aerosol de cuisson de faible teneur en gras. Cuire les noix et les fruits dans le four préchauffé pendant environ 15 minutes à 350 degrés. Retirer du four et laisser refroidir pendant un certain temps. Pendant ce temps, mélanger la cannelle, la compote de pommes et le miel avec la farine d'avoine. Il vaut mieux utiliser un mélangeur. Cela devrait prendre environ une minute.

Retirez les noix et les fruits de la poêle. Verser le mélange en elle et garnir avec les noix. Cuire au four environ 5 minutes de plus. Retirer du four et laisser agir pendant quelques heures pour se refroidir. Couper en 20 barres de protéines et laisser dans le réfrigérateur pendant la nuit.

Valeurs nutritionnelles:

Carbohydrates 32,2g

Sucre 17g

Protéines 19.9g

Glucides Total   5.6g

Sodium 31mg

Potassium 232,7mg

Calcium 126,4mg

Fer 27mg

Vitamines (Vitamine C total ascorbic acid; B-6; B-12; Folate-DFE; A-RAE; A-IU; E-alpha-tocopherol; D; D-D2+D3; K-phylloquinone; Thianin)

Calories 234

22. Barres de Protéines a l'Amarante

Ingrédients:

1 tasse d'amarante

3 cuillères à soupe d'avoine

3 cuillères à soupe de baies de goji séchées

3 cuillères à soupe de canneberges séchées

1 cuillère à soupe de sésame

1 cuillères à soupe de graines de tournesol

2 cuillères à soupe de miel

1 grosse banane

1 cuillère à soupe de sucre brun

½ petite cuillère de cannelle

1 cuillère à soupe d'huile

Préparation:

D'abord, vous voulez faire du pop-corn amarante. La procédure est la même que celle du pop-corn régulier. Utilisez une poêle et mettez-y juste une evaporisation d'huile. Faire frire les graines d'amarante pendant 10 minutes. Secouez la poêle à plusieurs reprises, jusqu'à ce que les graines d'amarante soient toutes fissurées. Retirer du feu et laisser reposer pendant un certain temps.

Pendant ce temps, coupez la banane en petits morceaux. Mélanger avec du miel et les autres ingrédients dans un mélangeur. Si un mélange est trop épais, l'astuce est de le mettre au micro-ondes pendant une minute. Ce sera suffisant pour obtenir un mélange lisse. Verser le mélange dans le moule, mettez le pop-corn-amarante sur le haut et cuire au four préchauffé pendant 5-10 minutes à 350 degrés. Retirer du four, laisser refroidir pendant un certain temps et découper en 20 barres de protéines barres. Laissez-le dans le réfrigérateur pendant la nuit.

Valeurs nutritionnelles:

Carbohydrates 41g

Sucre 25,1g

Protéines 23,4g

Glucides Total   12g

Sodium 43mg

Potassium 217mg

Calcium 124,7mg

Fer 38mg

Vitamines (Vitamine C total ascorbic acid; B-6; B-12; Folate-DFE; A-RAE; A-IU; E-alpha-tocopherol; D; D-D2+D3; K-phylloquinone; Thianin)

Calories 278

23. Barres de Protéines au Sésame

Ingrédients:

1.5 tasse de sucre brun

1citron

¾ tasse de sesame

Préparation:

Faire fondre le sucre sur feu doux jusqu'à ce que vous obteniez un caramel brun clair. Mélangez bien et versez-y lentement le jus de citron. Maintenant, ajoutez le sésame et bien mélanger. Utilisez ce mélange chaud pour le verser dans des conteneurs de barres protéinées. Vous devriez obtenir 5 barres protéinées avec cette recette. Laisser refroidir au réfrigérateur pendant plusieurs heures.

Valeurs nutritionnelles:

Carbohydrates 18g

Sucre 9g

Protéines 14g

Glucides Total   2g

Sodium 16mg

Potassium 87mg

Calcium 8mg

Fer 7,1mg

Vitamines (Vitamine C; B-6; B-12; D; D-D2+D3;K)

Calories 112

24. Corny Mediterranean avec Caroubes

Ingrédients:

½ tasse de flocons d'avoine

3 cuillères à soupe de poudre de caroubes

2 cuillères à soupe de miel

1 petite cuillère de cannelle

1 pincée de sel

1 blanc d'oeuf, battu en neige ferme

3 cuillères à soupe de fruits secs mélangés

2 cuillères à soupe de jus d'orange

2 cuillères à soupe de confiture de prunes

Préparation:

Cette recette devrait vous donner 6 grandes barres de protéines. Bien mélanger tous les ingrédients dans un mélangeur. Utilisez une plaque de cuisson et la mettre dans un plat à four. Verser le mélange et cuire au four préchauffé à 250 degrés pendant environ 15 à 20 minutes. Retirer du feu, les couper en 6 morceaux et laisser refroidir

Valeurs nutritionnelles:

Carbohydrates 39g

Sucre 17,5g

Protéines 29g

Glucides Total   9.4g

Sodium 39mg

Potassium 249mg

Calcium 128mg

Fer 32mg

Vitamines (Vitamine C total ascorbic acid; B-6; B-12; Folate-DFE; A-RAE; A-IU; E-alpha-tocopherol; D; D-D2+D3; K-phylloquinone; Thianin)

Calories 240

25. Cubes de Sésame

Ingrédients:

1.5 tasse de miel

1,5 tasse de chocolat de noir

½ tasse de beurre d'amande

1,5 tasse de flocons de maïs

1,5 tasse de sésame

1 cuillères d'huile de sésame de soupe

½ tasse d'eau tiède

Préparation:

Faites d'abord frire les graines de sésame. Saupoudrer un peu d'huile de sésame sur les graines, bien remuer et faire frire pendant quelques minutes. Les graines vont alors garder cette couleur dorée. Retirer de la poêle et laisser refroidir.

Utilisez un grand bol et une fourchette pour écraser les flocons de maïs. Mélanger avec les graines de sésame, verser de l'eau tiède et laisser reposer pendant un certain temps pour absorber l'eau.

Pendant ce temps, faire fondre le beurre d'amande sur feu doux. Ajouter le chocolat et le miel et laissez fondre en remuant constamment. Retirer du feu.

Utilisez un plat à four moyen et versez-y le mélange de graines de sésame. Nappez avec du chocolat fondu et couper en 8 morceaux. Garder dans le congélateur pendant 2-3 heures. Retirer du congélateur et garder vos barres de protéines dans le réfrigérateur.

Valeurs nutritionnelles:

Carbohydrates 41,8g

Sucre 26g

Protéines 19g

Glucides Total   5,6g

Sodium 29mg

Potassium 249mg

Calcium 118,4mg

Fer 41mg

Vitamines (Vitamine C total ascorbic acid; B-6; B-12; Folate-DFE; A-RAE; A-IU; E-alpha-tocopherol; D; D-D2+D3; K-phylloquinone; Thianin)

Calories 239

26. Barres d'Energie

Ingrédients:

1 tasse de flocons d'avoine

4 cuillères à soupe de graines de tournesol

1/3 tasse de flocons d'amande

2 cuillères a soupe de graines de blé

½ tasse de miel de fleurs

3 cuillères à soupe de sucre brun

2 cuillères à soupe de beurre d'arachide

1 cuillère à soupe d'extrait de vanille

1 pincée de sel

1 tasse de fruits secs hachés (abricots, cerises, canneberges, raisins)

Préparation:

Mélanger les flocons d'avoine, les graines de tournesol, les amandes effilées et les graines de blé. Cuire au four préchauffé pendant 5-10 minutes. Vous pouvez prolonger le temps de cuisson si vous voulez qu'ils soient plus croquants, il suffit de ne pas trop les cuire.

Faire fondre le sucre sur une basse température dans une poêle. Ajouter le miel, le beurre d'arachide, l'extrait de vanille et le sel. Mélangez bien pendant quelques minutes. Si le mélange est trop épais, vous pouvez ajouter un peu d'eau (1/4 d'un verre devrait faire l'affaire). Versez les graines dans la poêle et bien mélanger. Divisez le mélange en 10 morceaux égaux et recouvrir de fruits secs. Laisser au réfrigérateur pendant quelques heures.

Valeurs nutritionnelles:

Carbohydrates 38,4g

Sucre 17,1g

Protéines 27,9g

Glucides Total   12g

Sodium 39mg

Potassium 298mg

Calcium 112mg

Fer 29mg

Vitamines (Vitamine C total ascorbic acid; B-6; B-12; Folate-DFE; A-RAE; A-IU; E-alpha-tocopherol; D; D-D2+D3; K-phylloquinone; Thianin)

Calories 217

27. Barres de Quinoa & Protéines de bananes

Ingrédients:

4 cuillère à soupe de quinoa

1 tasse de flocons d'avoine

1 oeuf

1 cuillère à soupe de miel

1 cuillère à soupe d'huile d'olive

1 petite cuillère de cannelle

1 pincée de sel

½ tasse de raisins secs

1/3 tasse de noisettes hachées

2 cuillères à soupe de graines de sésame

2 bananes moyennes

Préparation:

Cuire le quinoa pendant 10-15 minutes. Bien égoutter et laisser refroidir. Pendant ce temps, écraser la banane avec une fourchette. Utilisez un grand bol, mélanger flocons d'avoine, la cannelle, l'œuf et le sel. Ajouter le quinoa égoutté au mélange.

Pulvériser l'huile d'olive dans une poêle et ajouter les noisettes et les graines de sésame. Frire sur une basse température pendant 5-10 minutes. Mélangez bien et retirez du feu.

Verser le mélange de quinoa dans une casserole de cuisson moyenne. Faire une deuxième couche de noisettes et de graines de sésame et finissez par des raisins secs. Cuire au four à 350 degrés pendant environ 10 minutes. Vous devriez obtenir une belle couleur brune, ou vérifier la cuisson avec un cure-dent. Retirer du four, couper en 10 morceaux égaux et laisser refroidir.

Valeurs nutritionnelles:

Carbohydrates 38,4g

Sucre 17,1g

Protéines 27,9g

Glucides Total   12g

Sodium 39mg

Potassium 298mg

Calcium 112mg

Fer 29mg

Vitamines (Vitamine C total ascorbic acid; B-6; B-12; Folate-DFE; A-RAE; A-IU; E-alpha-tocopherol; D; D-D2+D3; K-phylloquinone; Thianin)

Calories 150

28. Barres de Protéines au Riz

Ingrédients:

½ tasse de graines de sésame

1,5 tasse de flocons d'avoine

1 tasse de beurre d'arachide

1,5 tasse de chocolat noir (80% de cacao)

1 Tasse de croquants de riz

2 tasses de fruits secs mélangés

½ tasse de noix de Grenoble hachées

1 tasse de miel

Préparation:

Cuire les graines de sésame dans le four préchauffé à 350 degrés pendant environ 10 minutes pour obtenir une belle couleur dorée. Retirer du four et laisser refroidir. Ajouter les flocons d'avoine et bien mélanger.

Mélanger le chocolat, le beurre d'arachide et le miel et le faire fondre au micro-ondes (2-3 minutes suffiront).

Maintenant, vous aurez besoin d'un moule de taille moyenne. Vous ferez trois couches - Versez d'abord les flocons d'avoine et les graines de sésame. Faire une autre couche de chocolat fondu, de miel et de beurre d'arachide. Surmontez avec des croquants de riz, de noix hachées et les fruits secs.

Cuire au four à 350 degrés pendant 5-10 minutes. Retirer du four et laisser refroidir. Couper en 10 barres de protéines et laisser au réfrigérateur pendant quelques heures

Valeurs nutritionnelles:

Carbohydrates 38,9g

Sucre 25g

Protéines 23g

Glucides Total   6,5g

Sodium 29,3mg

Potassium 259mg

Calcium 113,7mg

Fer 29mg

Vitamines (Vitamine C total ascorbic acid; B-6; B-12; Folate-DFE; A-IU; E-alpha-tocopherol; D; D-D2+D3; K-phylloquinone; Thianin)

Calories 249

29. Barres de Protéines a la noix de Coco et aux Bananes

Ingrédients:

3 grandes bananas

6 egg whites

1 tasse de lait de noix de coco

½ tasse de noix de coco rapée

2 petite cuillère d'extrait de vanille

2 cuillères à soupe de miel

Préparation:

Ces barres Protéines sont super faciles à préparer. Tout ce dont vous avez besoin est un mélangeur. Mélanger les ingrédients dans le mélangeur pendant quelques minutes, ou jusqu'à ce que vous obteniez un mélange lisse. Verser le mélange dans des contenants de barres de protéines et laisser dans le congélateur pendant quelques heures. Retirer du congélateur et conserver au réfrigérateur

Valeurs nutritionnelles:

Carbohydrates 19.8g

Sucre 4.2g

Protéines 18.6g

Glucides Total   11.8 g

Sodium 51,5mg

Potassium 328mg

Calcium 126,8mg

Fer 29.2mg

Vitamines (Vitamine C total ascorbic acid; B-6; B-12; A-RAE; A-IU; E; D; D-D2+D3; K-phylloquinone; Thianin; Riboflavin; Niacin)

Calories 222.8 kcal

30. Barres de Protéines au Chiili

Ingrédients:

1 tasse de farine de noix de coco

3 blancs d'œufs

1 verre de lait d'amande

1 cuillère à soupe de miel

1 petite cuillère de piment

1 cuillère à soupe de cacao

5 cuillère à soupe de chocolat noir râpé (80% de cacao)

½ verre de lait de noix de coco

Préparation:

Mettre la farine de noix de coco, les blancs d'œufs, le lait d'amande, le miel et le piment dans un robot culinaire. Mélanger jusqu'à l'obtention d' un mélange lisse. Cuire le mélange dans un four préchauffé à 350 degrés pendant environ 10-15 minutes. Retirer du four et les couper en 5 barres de Protéines égales.

Pendant ce temps, faire bouillir le lait de coco et ajouter le cacao et le chocolat. Faites cuire pendant 2-3 minutes et retirer du feu. Laissez-le refroidir pendant un certain temps.

Maintenant, faire tremper les barres de protéines dans le mélange de chocolat. Laissez-les dans le chocolat pendant 15-20 minutes. Gardez vos barres de protéines dans le réfrigérateur.

Valeurs nutritionnelles:

Carbohydrates 17.8g

Sucre 5.2g

Protéines 16g

Glucides Total   9g

Sodium 45,9mg

Potassium 342mg

Calcium 113mg

Fer 21.2mg

Vitamines (Vitamine C; B-6; B-12; A-RAE; D; D-D2+D3; K-phylloquinone; Thianin; Riboflavin; Niacin)

Calories 234 kcal

31. Barres de Protéines au yaourt

Ingrédients:

1 tasse de yaourt grec_

1 grosse banane

3 blancs d'œufs

½ tasse de noix de Grenoble hachées

1 petite cuillère d'extrait de vanille

½ tasse de farine de noix de coco

1 cuillère à soupe de sucre brun

½ tasse de canneberges

½ tasse de noisettes hachées

Préparation:

Mélanger le yaourt grec avec la banane, les blancs d'œufs, les noix hachées et la vanille dans un robot culinaire. Vous voulez faire un mélange lisse. Laissez ce mélange au réfrigérateur pendant au moins une heure. Retirer du réfrigérateur, faites-en 8 barres de protéines. . Enduisez-les avec les canneberges, le sucre brun et les noisettes et les rouler dans la farine de noix de coco. Cuire sur une plaque de cuisson, au four préchauffé à 350 degrés pendant 10 minutes. Retirer du four et laisser refroidir. Gardez-les dans le réfrigérateur.

Valeurs nutritionnelles:

Carbohydrates 21.9g

Sucre 9.7g

Protéines 19.5g

Glucides Total   15g

Sodium 46,3mg

Potassium 312mg

Calcium 148mg

Fer 30mg

Vitamines (Vitamine C; B-6; B-12; A-RAE; D; D-D2+D3; K-phylloquinone; Thianin; Riboflavin; Niacin)

Calories 216 kcal

32. Barres de Protéines au jus de pommes

Ingrédients:

1 tasse de farine d'avoine

½ tasse de farine

¼ tasse d'amandes et noisettes hachées

¼ tasse de raisins secs

¼ tasse de jus de pomme fraîchement pressé

¼ tasse de de miel

½ petite cuillère de cannelle

2 cuillère à soupe d'huile

1 cuillère à soupe de beurre d'amandes fondu

Préparation:

Mélanger tous les ingrédients secs. Ajouter l'huile, le beurre d'amande, du jus de pommes et du miel. Mélangez bien pour obtenir un mélange lisse. Verser le mélange sur une plaque à pâtisserie. Il devrait être d'environ 0,5 pouce d'épaisseur. Cuire au four préchauffé à 250 degrés pendant 15-20 minutes. Retirer du four, couper en 10 barres de protéines. et laisser reposer au réfrigérateur pendant quelques heures.

Valeurs nutritionnelles:

Carbohydrates 21g

Sucre 6g

Protéines 19,3g

Glucides Total   12g

Sodium 49,5mg

Potassium 318mg

Calcium 112mg

Fer 23.2mg

Vitamines (Vitamine C; B-6; B-12; A-RAE; D; D-D2+D3; K-phylloquinone; Thianin; Riboflavin; Niacin)

Calories 212 kcal

33. Barres de Protéines aux figues

Ingrédients:

1 tasse d'amandes hachées

¼ tasse de figues sèches hachées

¼ tasse de prunes séchées hachées

¼ tasse de raisins secs

2 petite cuillère de cannelle

2 cuillères à soupe de Flocons d'avoine

½ tasse de lait d'amande

Préparation:

Mélanger les amandes, les figues sèches, les prunes, les raisins secs, la cannelle et les flocons d'avoine dans un robot culinaire. Ajouter le lait et mélanger pendant 1-2 minutes. Placer ce mélange sur une plaque de cuisson et cuire au four préchauffé à 225 degrés pendant environ 45 minutes. Le mélange doit être très sec. Retirer du four, couper en 10 barres de protéines et conserver dans un endroit sec et froid.

S'il est plus facile pour vous, vous pouvez faire barres de protéines avant la cuisson / séchage. Utiliser un moule de barres de protéines pour façonner le mélange.

Petit secret: Utilisez un déshydrateur pour cette recette si vous en avez un, il permettra de préserver tous les éléments nutritifs.

Valeurs nutritionnelles:

Carbohydrates 20g

Sucre 7,6g

Protéines 19g

Glucides Total   12g

Sodium 58mg

Potassium 312mg

Calcium 140,2mg

Fer 23mg

Vitamines (Vitamine C; B-6; B-12; A-RAE; D; D-D2+D3; K-phylloquinone; Thianin; Riboflavin; Niacin)

Calories 219 kcal

34. Barres de Protéines mixtes Puissantes

Ingrédients:

2 grandes oranges

1 cuillères à soupe de miel léger

3 cuillères à soupe de sucre brun

6 cuillères à soupe de beurre d'amande

8 cuillères a soupe de sirop d'érable

2 cuillères à soupe de confiture de canneberges

3 cuillères à soupe de noisettes

3 cuillères à soupe de blancs d'amandes

2 cuillères à soupe de noix

2 cuillères à soupe d'amarante craqué

3 cuillères à soupe de raisins secs dorés

10 cuillères à soupe de flocons d'avoine fins

8 cuillères à soupe de chocolat noir râpé (80% de cacao)

Préparation:

Lavez et séchez les oranges. Les eplucher finement. Presser le jus des oranges, ajouter du sucre et du miel et faites bouillir sur une température élevée sous agitation constante, jusqu'à ce que tout le liquide s'evapore. Vous obtiendrez une confiture très épaisse.

Couper les noisettes, les amandes et les noix en petits morceaux.

Mélanger le beurre d'amande, le sirop d'érable et la confiture de canneberges à l'aide d'un batteur électrique. Mettez-le dans un micro-ondes pendant 1-2 minutes. Retirer du micro-ondes et mélanger avec de la confiture d'orange, de noix, d'amarante et de l'avoine. Vous obtiendrez un mélange très épais. Gardez-le ainsi. Maintenant, vous avez besoin d'un moule à barres de protéines. Formez 10 barres de protéines et les faire cuire au four préchauffé pendant 10 minutes à 350 degrés. Retirer du four et laisser refroidir.

Faire fondre le chocolat au micro-ondes pendant quelques minutes. Faites tremper vos barres de protéines dans le chocolat et les laisser au réfrigérateur pendant plusieurs heures.

Valeurs nutritionnelles:

Carbohydrates 28g

Sucre 11g

Protéines 23g

Glucides Total   17.8 g

Sodium 58,3g

Potassium 369mg

Calcium 141mg

Fer 34mg

Vitamines (Vitamine C; B-6; B-12; A-RAE; D; D-D2+D3; K-phylloquinone; Thianin; Riboflavin; Niacin)

Calories 268.8 kcal

35. Barres de Protéines a l'Abricot

Ingrédients:

4 cuillères à soupe de sucre brun

3 cuillères à soupe de miel

4 cuillères à soupe de beurre d'arachide

2 cuillères à soupe de jus fraîchement pressé d'abricot

1 cuillère à soupe de zeste d'orange râpé

1 Tasse de flocons de riz

½ tasse d'abricots hachés

½ tasse de noix de Grenoble hachées

Préparation:

Mélanger tous les ingrédients dans un grand bol. Utilisez un batteur électrique pour obtenir une masse homogène. Préchauffer le four à 250 degrés. Verser le mélange sur une plaque de cuisson et cuire au four pendant environ 15 minutes. Il devrait avoir une belle couleur brun doré. Retirer du four, coupez en 5 barres de protéines et conserver dans un endroit sec et froid.

Valeurs nutritionnelles:

Carbohydrates 20.7g

Sucre 7.4g

Protéines 19.5g

Glucides Total   13g

Sodium 49mg

Potassium 294mg

Calcium 112,8mg

Fer 27mg

Vitamines (Vitamine C; B-6; B-12; A-RAE; D; D-D2+D3; K-phylloquinone; Thianin; Riboflavin; Niacin)

Calories 259 kcal

36. Barres de Protéines au Fruits Mixtes

Ingrédients:

¼ tasse de de figues sèches hachées

¼ tasse de dattes hachées

¼ tasse de tranches de pruneaux

¼ de tasse de raisins blancs

¼ tasse d'oranges séchées et hachées

¼ tasse de prunes séchées hachées

1 verre de jus d'orange frais

1 verre de jus de citron frais

¼ Tasse de noix moulues

¼ Tasse de noisettes moulues

¼ tasse de miel

quelques gouttes d'extrait de rhum

¼ tasse d'ananas hachés

1 tasse de chocolat noir fondu (80% de cacao)

¼ tasse de cacao

¼ tasse de beurre d'amande

Préparation:

Mélangez bien les fruits, les noix, le miel, l'orange et le jus de citron dans un grand bol. Gardez le mélange dans un bol. Faire fondre le beurre d'amande sur une basse température, ajouter l'extrait de rhum, le chocolat noir et le cacao. Poursuivre la cuisson jusqu'au point d'ébullition. Remuer constamment! Retirer du feu et utiliser ce mélange pour lier le mélange de fruits et de noix. Mélangez bien et façonner 18 barres de protéines. Gardez-les dans le réfrigérateur pendant plusieurs heures. Ces barres de protéines sont vraiment délicieuses et croustillantes.

Valeurs nutritionnelles:

Carbohydrates 27g

Sucre 9g

Protéines 23.8g

Glucides Total 17.8 g

Sodium 64mg

Potassium 417mg

Calcium 139mg

Fer 31mg

Vitamines (Vitamine C; B-6; B-12; A-RAE; D; D-D2+D3; K-phylloquinone; Thianin; Riboflavin; Niacin)

Calories 289kcal

37. Barres de Protéines Croustillantes

Ingrédients:

½ tasse de figues sèches

¼ tasse de noix de coco séchée

¼ cacahuètes grillées

¼ de tasse de flocons de blé

¼ tasse de flocons de riz

3 cuillères à soupe de blé torréfié

½ tasse de miel

½ tasse de beurre d'arachide

3 cuillères à soupe de sirop d'agave

4 cuillères à soupe de sucre brun

¼ petite cuillère de cannelle moulue

1 petite cuillère d'extrait de vanille

Préparation:

Combiner les figues, la noix de coco séchée et les arachides grillées dans un grand bol. Ajouter le blé, le blé grillé, le riz et remuez bien.

Dans un petit bol, lier le miel avec du beurre d'arachide, du sirop d'agave et dusucre brun. Cuire pendant plusieurs minutes sur une basse température jusqu'à ce que le sucre brun soit entièrement dissous. Ajouter la cannelle, l'extrait de vanille et porter à ébullition. Retirer du feu. Versez ce mélange sur les noix et les fruits préparés et bien mélanger.

Utilisez une feuille de cuisson de taille moyenne , mettre le mélange dedans et faire cuire pendant environ 20 minutes à 225 degrés. Retirer du four, couper en 24 barres de protéines et les laisser au réfrigérateur pendant au moins quelques heures..

Valeurs nutritionnelles:

Carbohydrates 29g

Sucre 11,3g

Protéines 26g

Glucides Total   11g

Sodium 61,1mg

Potassium 287mg

Calcium 134mg

Fer 31mg

Vitamines (Vitamine C; B-6; B-12; A-RAE; D; D-D2+D3; K-phylloquinone; Thianin; Riboflavin; Niacin)

Calories 254 kcal

38. Barres de Protéines au Fromage Blanc et aux Myrtilles

Ingrédients:

1 tasse de de fromage blanc faible en gras

1 tasse de yaourt grec

2 blancs d'oeufs

½ tasse de myrtilles

4 cuillères à soupe de sucre brun

1 petite cuillère d'extrait de vanille

½ tasse de farine de noix de coco

Préparation:

Mettez tous les ingrédients, sauf la farine de noix de coco, dans le robot culinaire. Mélangez bien pour obtenir un mélange lisse. Utilisez le moule de barres de protéines pour créer 10 barres de protéines égales. Saupoudrez-les avec de la farine de noix de coco et congelez pour quelques heures. Retirer du congélateur et conserver au réfrigérateur.

.

Valeurs nutritionnelles:

Carbohydrates 18.7g

Sucre 5.2g

Protéines 16.7g

Glucides Total   16.5 g

Sodium 54,7mg

Potassium 339mg

Calcium 138,5mg

Fer 24.8mg

Vitamines (Vitamine C; B-6; B-12; A-RAE; D; D-D2+D3; K-phylloquinone; Thianin; Riboflavin; Niacin)

Calories 236.7 kcal

39. Barres de Proteines aux grains de Chia

Ingrédients:

1 tasse de graines de chia hachées

½ tasse de noix

½ tasse de noisettes

½ tasse de canneberges

1 tasse de fromage blanc faible en gras

½ tasse de miel

1 cuillère a soupe d'extrait de vanille

1 petite cuillère de cannelle

1 cuillère de poudre de protéines

Une petite pulvérisation d'aérosol de cuisson

Préparation:

Mélanger les graines de chia avec les noix et le fromage. Utilisez le moule à barres de protéines pour faire 8 barres de protéines egales.

Avec un batteur électrique, mélanger le miel, la cannelle, l'extrait de vanille et la poudre. Maintenant, vous devez verser ce mélange sur les barres de protéines.

Préchauffer le four à 350 degrés. Saupoudrez la plaque de cuisson faiblement avec de l'aérosol de cuisson sans gras et cuire au four le moule de barres de protéines pendant environ 20 minutes, jusqu'à ce que vous obteniez une couleur brun clair. Retirer du four et laisser refroidir. Gardez au réfrigérateur pendant plusieurs heures.

Valeurs nutritionnelles:

Carbohydrates 14.9g

Sucre 5.3g

Protéines 18.3g

Glucides Total   14.6 g

Sodium 52,7mg

Potassium 326mg

Calcium 127,3mg

Fer 26.3mg

Vitamines (Vitamine C; B-6; B-12; A-RAE; D; D-D2+D3; K-phylloquinone; Thianin; Riboflavin; Niacin)

Calories 226.3 kcal

40. Barres de protéines d'Avoine

Ingrédients:

1 tasse de oatmeal

¼ tasse de cornflakes

½ tasse de crushed hazelnuts

6 - 8 morceaux de pruneaux coupés en cubes

1/3 tasse de raisins

1/3 tasse de graines de sésame

1/3 tasse de graines de lin

½ tasse de sucre brun

½ tasse de chocolat râpé (80% de cacao)

1 orange moyenne

1 petite cuillère de cannelle

1 petite cuillère d'extrait de rhum

½ tasse de beurre d'arachide

2 cuillères à soupe de miel

¼ tasse de chocolat râpé (80% de cacao) pour la décoration

Préparation:

Mélanger tous les ingrédients secs dans un grand bol. Laver l'orange, râper le zeste et presser. Utilisez une poêle faire fondre le beurre d'arachide sur feu doux . Ajouter le sucre, l'extrait de rhum, la cannelle, le zeste et le jus d'orange. Remuez bien et laissez cuire pendant 3-5 minutes. Puis ajouter les ingrédients secs dans la poêle et remuez bien de nouveau. Ajouter le miel. Retirer du feu, laisser refroidir pendant un moment et faire 15 barres de Protéines égales. Décorer avec un peu plus de chocolat et garder dans le réfrigérateur pendant la nuit.

Valeurs nutritionnelles:

Carbohydrates 27.2g

Sucre 9.2g

Protéines 26.3g

Glucides Total   12.8 g

Sodium 96,5mg

Potassium 356mg

Calcium 124,8mg

Fer 29.2mg

Vitamines (Vitamine C; B-6; B-12; A-RAE; D; D-D2+D3; K-phylloquinone; Thianin; Riboflavin; Niacin)

Calories 278.3 kcal

41. Barres de Protéines au miel

Ingrédients:

½ tasse de beurre d'amande

½ tasse de miel

2 oeufs

1/3 tasse d'amandes moulues

½ tasse abricots secs - coupés en petits morceaux

¼ tasse de noisettes grillées, hachées finement

¼ tasse de cerises séchées, finement hachées

¼ tasse de sésame

1/3 tasse d'avoine

1 cuillère a soupe d'huile de sésame

Préparation:

Pour cette recette, vous aurez besoin d'une petite plaque de cuisson. Saupoudrer un peu d'huile de sésame dessus.

Fouetter le beurre avec du miel jusqu'à ce mélange crémeux, puis ajouter les oeufs battus, les noix et les fruits. Continuer à fouetter ce mélange pendant quelques minutes de plus.

Préchauffer le four à 350 degrés. Verser le mélange sur une plaque de cuisson et cuire au four pendant environ 20-25 minutes, jusqu'à ce que la couleur soit bien dorée. Retirer du four et laisser refroidir pendant environ 10 minutes. Couper en 10 barres de protéines égales. Vous pouvez ajouter un peu plus de miel sur le dessus, mais ceci est optionnel et augmente la valeur nutritive. La bonne chose à propos de ces barres de protéines est qu'ils sont succulents autant lorsqu'ils sont chauds que froids.

Valeurs nutritionnelles:

Carbohydrates 28.7g

Sucre 9.2g

Protéines 27.5g

Glucides Total   14.8 g

Sodium 51,5mg

Potassium 328mg

Calcium 126,8mg

Fer 29.2mg

Vitamines (Vitamine C; B-6; B-12; A-RAE; D; D-D2+D3; K-phylloquinone; Thianin; Riboflavin; Niacin)

Calories 248.8 kcal

42. Barres de Protéines avec farine d'avoine et raisins secs

Ingrédients:

½ tasse de Flocons d'avoine

½ tasse de noix hachées

½ tasse de raisins secs

½ tasse de pruneaux hachées

½ _ tasse de graines de tournesol

½ tasse d'huile de coco fondue

¼ tasse de graines de chia

¼ tasse de miel

¼ tasse de chocolat (70% de cacao)

1 petite cuillère de cannelle

Préparation:

Préchauffer le four à 350 degrés. Utiliser une casserole pour faire fondre le chocolat et l'huile de coco sur une température très basse. Bien mélanger. Mélangez aux autres ingrédients dans un grand bol. Étendre le mélange sur une plaque de cuisson et cuire au four pendant 15 minutes. Laisser refroidir et conserver dans le réfrigérateur pendant quelques heures.

Valeurs nutritionnelles:

Carbohydrates 27.6g

Sucre 9.2g

Protéines 25.3g

Glucides Total   15.8 g

Sodium 61,2mg

Potassium 229mg

Calcium 134,4mg

Fer 24.3mg

Vitamines (Vitamine C; B-6; B-12; A-RAE; D; D-D2+D3; K-phylloquinone; Thianin; Riboflavin; Niacin)

Calories 228 kcal

43. Barres de Protéines avec des dattes

Ingrédients:

½ tasse de dattes hachées

¼ tasse d'abricots secs hachés

¼ tasse de raisins secs

¼ tasse de canneberges séchées

1 cuillère à soupe de beurre d'arachide

¼ petite cuillère de cannelle moulue

5 cuillère a soupe de sirop d'agave

¼ tasse de noix râpée

¼ tasse d'amandes râpées

Préparation:

Utiliser un robot électrique pour traiter les dates, les abricots, les raisins secs et les canneberges. Ajouter le beurre d'arachide, la cannelle, le sirop d'agave et bien mélanger. Verser ce mélange sur une plaque à pâtisserie. Répartir les noix et les amandes sur le dessus et appuyez un peu avec vos mains. Couvrir avec une feuille adhésive et placer dans le réfrigérateur pendant au moins 3-4 heures. Couper en 10 barres de Protéines.

Valeurs nutritionnelles:

Carbohydrates 23.4g

Sucre 5.2g

Protéines 19.5g

Glucides Total   13.4 g

Sodium 41,4mg

Potassium 353mg

Calcium 135,5mg

Fer 19mg

Vitamines (Vitamine C; B-6; B-12; A-RAE; D; D-D2+D3; K-phylloquinone; Thianin; Riboflavin; Niacin)

Calories 236.6 kcal

44. Barres de Protéines aux Pistaches

Ingrédients:

1 tasse de pistaches grillées hachées en petits morceaux

1 tasse de dates hachées

1 petite cuillère de cacao

1 petite cuillère de cannelle

2 petites cuillères de vanille sucre

1 citron

1 pincée de sel

1 tasse de fruits séchés mélangés hachés

Préparation:

Utiliser un mélangeur électrique pour melanger les dates et les pistaches Ajouter les autres ingrédients et mélanger pendant encore quelques minutes. Utilisez ce mélange pour créer 10 barres de Protéines. Vous pouvez le faire manuellement ou vous pouvez utiliser le moule à barres . Laissez-le dans le réfrigérateur pendant la nuit.

Valeurs nutritionnelles:

Carbohydrates 19.7g

Sucre 7.4g

Protéines 18.5g

Glucides Total   13.5 g

Sodium 31,8mg

Potassium 326mg

Calcium 124mg

Fer 23.2mg

Vitamines (Vitamine C; B-6; B-12; A-RAE; D; D-D2+D3; K-phylloquinone; Thianin; Riboflavin; Niacin)

Calories 243.7 kcal

45. Barres de Protéines a la mélasse

Ingrédients:

½ tasse de sirop au sucre foncé de mélasse

¼ tasse de beurre d'arachide

½ tasse de sucre brun

¼ tasse de noix

¼ tasse d' abricots secs hachés

¼ tasse de figues sèches hachées

1 tasse de Flocons d'avoine

¼ tasse graines de citrouille

Préparation:

Préchauffer le four à 350 degrés. Hacher les noix en très petits morceaux. Utilisez une casserole pour mélanger le beurre d'arachide, le sucre et le sirop de sucre. Faites cuire pendant environ 5 minutes à une température très basse. Bien mélanger. Laisser bouillir. Le mélange doit être humide et légèrement collant, pas sec. Retirer du feu et mélanger avec les noix, les fruits secs, les flocons d'avoine et les graines de citrouille.

Cuire au four pendant environ 30 minutes. Laisser refroidir pendant environ une heure ou même deux avant de couper en 10 barres de protéines égales. .

Valeurs nutritionnelles:

Carbohydrates 26.4g

Sucre 4.6g

Protéines 19.5g

Glucides Total   12.2 g

Sodium 21,9mg

Potassium 368mg

Calcium 111mg

Fer 25.3mg

Vitamines (Vitamine C; B-6; B-12; A-RAE; D; D-D2+D3; K-phylloquinone; Thianin; Riboflavin; Niacin)

Calories 219 kcal

46. Barres de Protéines avec curcuma et framboises

Ingrédients:

½ tasse de lait soja

1 tasse de banane écrasée

1 tasse de farine de noix de coco

½ tasse de curcuma

2 blancs d'oeufs

½ tasse de noix râpée

½ tasse de framboises

Préparation:

Cette recette est très facile à préparer. Elle n'a pas besoin de cuisson ou de four. Tout ce dont vous avez besoin est un mélangeur pour mélanger tous les ingrédients pendant quelques minutes. Verser le mélange dans moule à barres et laissez au congélateur pendant quelques heures. Lorsque vous avez terminé, gardez-les dans le réfrigérateur.

Valeurs nutritionnelles:

Carbohydrates 21.3g

Sucre 6.4g

Protéines 19.5g

Glucides Total   11.4 g

Sodium 33,7mg

Potassium 343mg

Calcium 133mg

Fer 13.2mg

Vitamines (Vitamine C; B-6; B-12; A-RAE; D; D-D2+D3; K-phylloquinone; Thianin; Riboflavin; Niacin)

Calories 232.4 kcal

47. Barres de Protéines au Pooivre Rouge

Ingrédients:

3 cuillère a soupe de poudrede cacao

1,5 tasse d'amandes

½ tasse de farine de sarrasin

2 petites cuillères de cannelle

½ petite cuillère de poivre rouge

½ tasse de chocolat haché (80% de cacao)

1tasse de sucre brun

1 tasse de miel

Préparation:

Préchauffer le four à 250 degrés. Mélanger le cacao, les amandes hachées, la farine de sarrasin, la cannelle et le poivre dans un grand bol. Utilisez une casserole, faire fondre le chocolat, le sucre et le miel à basse température. Mélangez bien et ajoutez le mélange sec. Bien mélanger et retirez du feu. Laissez-le refroidir pendant un moment et faire 10 barres de Protéines avec vos mains ou avec le moule. Saupoudrez avec un peu plus de poudre de cacao, juste pour la décoration. Cuire au four pendant environ 30 minutes. Retirer du four, laisser refroidir et conserver au réfrigérateur.

Valeurs nutritionnelles:

Carbohydrates 21g

Sucre 5.4g

Protéines 19.3g

Glucides Total   12.3 g

Sodium 32,2mg

Potassium 236mg

Calcium 121mg

Fer 23,2mg

Vitamines (Vitamine C; B-6; B-12; A-RAE; D; D-D2+D3; K-phylloquinone; Thianin; Riboflavin; Niacin)

Calories 219 kcal

48. Barres de Protéines avec des Mûres

Ingrédients:

1 tasse de mûres

1 tasse de cornflakes

1 tasse de fromage blanc faible en gras

1 petite cuillère d'extrait de mûres

½ tasse de farine de riz

Préparation:

Une autre recette super facile. Mélanger les ingrédients avec un batteur électrique. Utilisez un moule à barres de Protéines pour créer 10 barres de Protéines avec ce mélange. Préchauffer le four à 350 degrés et cuire vos barres de Protéines pendant 15 minutes. Retirer du four, laisser refroidir pendant environ une heure avant de les mettre au réfrigérateur.

Valeurs nutritionnelles:

Carbohydrates 19,1g

Sucre 3.4g

Protéines 18.5g

Glucides Total   13.2 g

Sodium 35,2mg

Potassium 392mg

Calcium 121mg

Fer 21.3mg

Vitamines (Vitamine C; B-6; B-12; A-RAE; D; D-D2+D3; K-phylloquinone; Thianin; Riboflavin; Niacin)

Calories 211 kcal

D'AUTRES GRANDS TITRES PAR CET AUTEUR

www.ingramcontent.com/pod-product-compliance
Lightning Source LLC
Chambersburg PA
CBHW071742080526
44588CB00013B/2124